I0089141

ALPHABET

UNIVERSEL.

BESCHERER.

BIBLIOTHÈQUE ... ROYALE

ALPHABET
UNIVERSEL

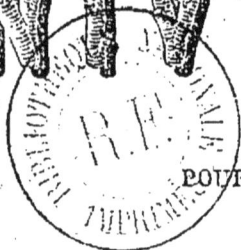

POUR INSTRUIRE

LES ENFANTS CHRÉTIENS

ILLUSTRÉ

DE GRAVURES, DE LETTRES ORNÉES ET VARIÉES

PAR UN PÈRE DE FAMILLE.

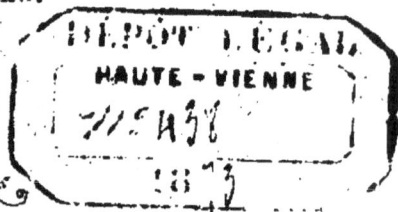

DÉPÔT LÉGAL
HAUTE-VIENNE

LIMOGES

F. ARDANT FRÈRES,
7, avenue du Midi.

PARIS

F. F. ARDANT FRÈRES,
4, quai du March'-Neuf.

(925)

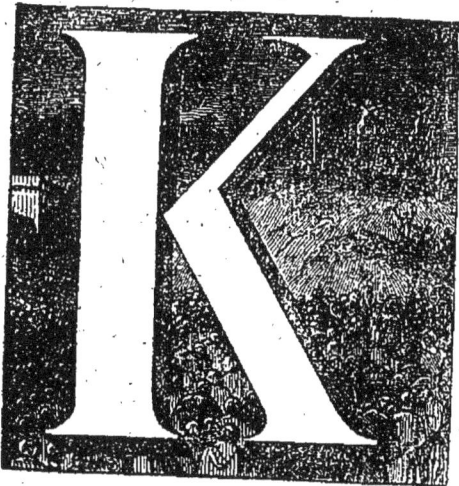

Z Æ Œ W

LETTRES BOIS

A B C D E F
G H I J K L
M N O P Q R
S T U V X Y
Z Æ Œ W

1..

A B C D

E F G H

I J K L

M N O P

Q R S T

U V X Y

Z Æ Œ

Lettres majuscules.

A B C D E F G H
I J K L M N O P
Q R S T U V X Y
Z Æ OE W.

Lettres majuscules accentuées.

É È Ê Ç

Lettres minuscules.

a b c d e f g h i j k l m
n o p q r s t u v x y z.
à â é è ê ë ì î ï ù û ü ç

Voyelles.

a e i o u y

Consonnes.

b c d f g h j k l m n p q
r s t v x z

Lettres doubles.

æ œ w ff fi ffi fl ffl

Chiffres.

1 2 3 4 5 6 7 8 9 0

Ponctuations et signes divers.

. , : ; ? ! – ' § * ( ) † [ ]

Chiffres romains.

I	1	VIII	8	L	50	CCC	300
II	2	IX	9	LX	60	CD	400
III	3	X	10	LXX	70	D	500
IV	4	XV	15	LXXX	80	M	1000
V	5	XX	20	XC	90		
VI	6	XXX	30	C	100		
VII	7	XL	40	CC	200		

Majuscules italiques.

A B C D E F G

H I J K L M N

O P Q R S T U

V X Y Z

Minuscules italiques.

a b c d e f g h i j

k l m n o p q r s

t u v x y z

Ba	Be	Bi	Bo	Bu
Ca	Ce	Ci	Co	Cu
Da	De	Di	Do	Du
Fa	Fe	Fi	Fo	Fu
Ga	Ge	Gi	Go	Gu
Ha	He	Hi	Ho	Hu
Ja	Je	Ji	Jo	Ju
Ka	Ke	Ki	Ko	Ku
La	Le	Li	Lo	Lu

Ma	Me	Mi	Mo	Mu
Na	Ne	Ni	No	Nu
Pa	Pe	Pi	Po	Pu
Qua	Que	Qui	Quo	Qu
Ra	Re	Ri	Ro	Ru
Sa	Se	Si	So	Su
Ta	Te	Ti	To	Tu
Va	Ve	Vi	Vo	Vu
Xa	Xe	Xi	Xo	Xu
Za	Ze	Zi	Zo	Zu

Bla	ble	bli	blo	blu
Bra	bre	bri	bro	bru
Cha	che	chi	cho	chu
Cla	cle	cli	clo	clu
Cra	cre	cri	cro	cru
Dra	dre	dri	dro	dru
Fla	fle	fli	flo	flu
Gla	gle	gli	glo	glu

Gna	gne	gni	gno	gnu
Gra	gre	gri	gro	gru
Pha	phe	phi	pho	phu
Pla	ple	pli	plo	plu
Pra	pre	pri	pro	pru
Tla	tle	tli	tlo	tlu
Tra	tre	tri	tro	tru

BIBLIOTHÈQUE NATIONALE R.F. ESTAMPES

Mots qui n'ont qu'un son ou qu'une syllabe.

Pain	Vin	Chien
Chat	Rat	Plat
Four	Jour	Tour
Blé	Dé	Pré
Corps	Mort	Tort
Coing	Moins	Point
Art	Part	Tard
Arc	Marc	Parc
Dent	Rang	Champ
Beau	Seau	Veau
Pont	Front	Rond
Ail	Bail	Rail
Bel	Sel	Tel

Mots à deux sons ou deux syllabes
à épeler.

Pa-pa	Cou-teau
Ma-man	Châ-teau
Frè-re	Cor-don
Tan-te	Cor-deau
Bal-lon	Cha-meau
Bal-le	Dra-peau
Bou-le	De-voir
Chai-se	Fro-ment
Poi-re	La-voir
Pel-le	Tau-reau
Pom-me	Mou-ton
Cou-sin	Ver-tu
Gâ-teau	Vi-ce

Mots à trois sons ou trois syllabes.

Or-phe-lin.	Cou-tu-me
Scor-pi-on.	Nou-veau-té
Ou-vra-ge	Mou-ve-ment
Sen-ti-ment	Châ-ti-ment
Li-ber-té	His-toi-re

Mots à quatre, à cinq et à six sons ou
syllabes à épeler.

E-ga-le-ment

Phi-lo-so-phe

Con-clu-si-on

Na-tu-rel-le-ment

Cou-ra-geu-se-ment

In-con-vé-ni-ent

In-con-si-dé-ré-ment

Per-fec-ti-bi-li-té

Ma-li-ci-eu-se-ment

Soyez toujours bien sage, mon petit ami.

PETITES PHRASES A ÉPELER.

J'ai-me mon pa-pa.
Je ché-ris ma-man.
Mon frè-re est c-béis-
sant.

Grand pa-pa doit me don-ner un pe-tit che-val.

Grand ma-man me don-ne-ra u-ne voi-tu-re.

La mai-son de ma tan-te est très jo-lie. Il y a dans la cour un beau jeu de quil-les.

J'i-rai cher-cher E-mile nous y jou-e-rons en-sem-ble.

Il ap-por-te-ra son cer-ceau et sa gran-de boî-te à jouets, nous nous amu-se-rons bien.

Au nom du Père, et du Fils, et du Saint-Esprit. Ainsi soit-il.

L'ORAISON DOMINICALE.

No TRE Pè re, qui ê tes aux Cieux, que vo tre nom soit sanc ti fi é; que vo tre rè gne ar ri ve; que vo tre vo lon té soit fai te en la ter re com me au ciel : don-

nez-nous au jour d'hui notre pain quo ti dien, et nous
par don nez nos of fen ses
com me nous par don nons
à ceux qui nous ont of-
fen sés ; et ne nous lais sez
pas suc com ber à la ten-
ta ti on ; mais dé li vrez-
nous du mal.

Ain si soit - il.

LA SALUTATION ANGÉLIQUE.

JE vous sa lue, Mari e, plei ne de grâce ; le Sei gneur est a vec vous ; vous ê tes béni e en tre tou tes les femmes, et Jé sus le fruit de vos en trail les est bé ni.

Sain te Ma rie, Mè re de Dieu, priez pour nous pauvres pé cheurs, main tenant et à l'heu re de no tre mort.

Ain si soit-il.

LE SYMBOLE DES APOTRES.

JE crois en Dieu le Pè re tout - puis- sant, cré a teur du ciel et de la ter re, et en Jé sus - Christ, son Fils u- ni que No tre Sei gneur, qui a é té con çu du Saint Es- prit, est né de la Vier ge

Ma ri e, a souf fert sous Pon ce Pi la te, a é té cru ci fi é, est mort, et a é té en se ve li, qui est des cen du aux en fers, et le troi si è me jour est res sus ci té des morts, est mon té aux cieux, est as sis à la droi te de Dieu le Pè re tout - puis sant, d'où il vien dra ju ger les vi vants et les morts. Je crois au Saint Es prit, la sain te E gli se Ca tho li que, la Com mu ni on des Saints, la ré mis si on des

pé chés, la ré sur rec ti on
de la chair, la vi e é ter-
nel le. Ain si soit - il.

LA CONFESSION DES PÉCHÉS.

E con fes se à Dieu
tout - puis sant, à
la bien heu reu se
Ma ri e tou jours Vier ge,
à saint Mi chel, Ar chan ge,
à saint Jean - Bap tis te,

2..

aux A pô tres saint Pier re et saint Paul, à tous les Saints, et à vous, mon Père, que j'ai beau coup péché, par pen sé es, par pa ro les, par ac ti ons et par o mis si ons : c'est ma faute, c'est ma faute, c'est ma très gran de fau te ; c'est pour quoi je sup pli e la bien heu reu se Ma ri e, tou jours Vier ge, saint Mi chel ar chan ge, saint Jean-Bap tis te, les A pô tres saint Pier re et saint Paul, tous les Saints, et vous, mon Pè re, de pri er pour moi le Sei gneur no-tre Dieu.

Que le Dieu tout- puis-sant nous fas se mi sé ri cor-de, qu'il nous par don ne nos pé chés, et nous con-duise à la vi e é ter nel le.

Que le Sei gneur tout-puis sant et mi sé ri cor-di eux nous ac cor de l'in-dul gen ce, l'ab so lu ti on et la ré mis si on de nos pé-chés.

Ain soit-il.

LES COMMANDEMENTS DE DIEU.

Un seul Dieu tu a-
doreras
Et ai me ras par-
fai te ment.

Dieu en vain tu ne ju re ras
Ni au tre cho se pa reil-
lement.

Les Di man ches tu gar de-
ras

En ser vant Dieu dé vo te-
ment.

Pè re et mè re ho no re ras

A fin que tu vi ves lon gue-
ment.

Ho mi ci de ne com met-
tras

De fait ni vo lon tai re-
ment.

Lu xu ri eux point ne se ras

De corps ni de con sen te-
ment

Le bien d'au trui tu ne
pren dras

Ni re tien dras in jus te-
ment.

Faux té moi gna ge ne di-
ras
Ni men ti ras au cu ne-
ment.

L'œu vre de chair ne dé sire ras
Qu'en ma ri a ge seu le-
ment.

Biens d'au trui ne con voi-
te ras
Pour les a voir in jus te-
ment.

COMMANDEMENTS DE L'ÉGLISE.

Les Di man ches la
mes se ou ï ras
Et les Fê tes pa-
reil le ment.

Les Fê tes tu sanc ti fi e ras
Qui te sont de com man de-
ment.

Tous tes pé chés con fes seras

A tout le moins u ne fois
l'an

Et ton Cré a teur tu re ce-
vras

Au moins à Pâ ques hum-
ble ment.

Qua tre - temps, vi gi les
jeû ne ras

Et le Ca rê me en tiè re-
ment.

Ven dre di chair ne man-
ge ras

Ni le sa me di mê me-
ment.

DIVISION DU TEMPS.

UEL jour est-ce aujourd'hui, Charles? Aujourd'hui est dimanche

Combien y a-t-il de jours dans une semaine?

Il y en a sept, qui sont : Lundi, Mardi, Mercredi, Jeudi, Vendredi, Samedi et Dimanche.

Combien faut-il de semaines pour faire un mois ?

Il en faut quatre.

Et combien de mois pour une année ?

Douze.

Quels sont-ils ?

Janvier, Février, Mars, Avril, Mai, Juin, Juillet, Août, Septembre, Octobre, Novembre et Décembre.

De combien de jours se compose une année ?

De trois cent soixante-cinq jours, qui sont divisés eux-mêmes en vingt-quatre heures. Chaque heure contient soixante minutes, et chaque minute soixante secondes.

Voici Janvier. Il fait très froid. Il neige. Il gèle. Il n'y a plus de feuilles sur les arbres.

Le Verseau.

Février est aussi très froid; mais les jours sont plus longs. La neige commence à disparaître. L'arbre de Judée est en fleurs.

Les Poissons

Voilà mars ; le vent souffle, il jetterait à terre un petit garçon.

Le Bélier.

Il souffle avec tant de violence qu'il brise les arbres, renverse les cheminées.

Voici une fleur. C'est une primevère.

Avril est arrivé. Les oiseaux chantent. Les arbres

Le Taureau.

sont en fleurs. Les papillons volent et le solei luit : il nous annonce le re tour du printemps.

On entend le coucou.

Les Gémeaux.

Nous sommes au mois de Mai. O agréable mois ! L'aubépine est en fleurs. Voici des marguerites, des coucous, des pervenches. Il faut en faire un bouquet. Ah ! quelle bonne odeur !

L'Ecrevisse.

Voilà Juin arrivé. Il fait très chaud. On coupe l'herbe des prés, que l'on fait ensuite sécher pour en faire du foin qui sert à nourrir le bétail pendant la mauvaise saison.

Le mois de Juil- est le mois le plus chaud. Le gazon et les fleurs sont tout brûlés. Il pleut rarement dans ce mois. Les jardiniers arrosent leurs jardins. On prend des bains de rivière ; l'eau n'en est pas froide.

Le Lion.

Voici le mois d'Août. Allons dans les champs voir si le blé est mûr. Le fermier va apporter sa faucille bien aiguisée pour le couper.

La Vierge.

Voilà Septembre. C'est le mois de la chasse. On détruit le gibier et les petits oiseaux. Les pommes sont mûres, il faut les cueillir. On écrase les pommes, et du jus qu'on en retire on fait le cidre.

La Balance.

Octobre est arrivé. Les feuilles jaunissent et tombent des arbres. Il n'y a presque plus de fleurs. On va cueillir les noix. Le raisin est mûr; on va vendanger; on va écraser le raisin et en faire du vin.

Le Scorpion.

Le triste et sombre mois de Novembre est arrivé.

Le Sagittaire. Plus de fleurs ! Plus d'agréable soleil. Le ciel est noir. La pluie tombe à verse. Il commence à faire bien froid. On est forcé de se chauffer.

Décembre est arrivé. Triste mois pour les malheu-

Le Capricorne reux ! Il fait grand froid. La neige tombe à flocons.

ROSE DES VENTS.

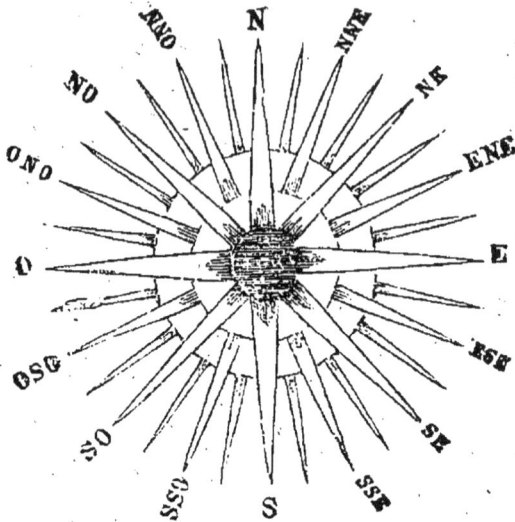

DES ÉLÉMENTS.

Les quatre éléments qui composent notre globe sont: l'air, la terre, l'eau et le feu.

Sans air, l'homme ne peut respirer.

3..

Sans la terre, l'homme ne peut manger.

Sans eau, l'homme ne peut boire.

Sans feu, l'homme ne peut se chauffer.

La réunion de ces quatre éléments est donc nécessaire à l'homme pour vivre.

C'est l'air agité qui produit les vents, qui cause les orages, les tempêtes, et qui est la source de mille phénomènes qui arrivent journellement dans l'atmoshère.

C'est la terre qui produit toutes les substances végétales dont l'homme se nourrit, ainsi que les animaux qui la couvrent; c'est au fond de la terre qu'on trouve le marbre, l'or, l'argent, le fer, et tous les autres métaux.

C'est dans l'eau, c'est-à-dire dans la mer, les fleuves, les rivières et les ruisseaux, qu'on pêche cette quantité prodigieuse de poissons de toutes grandeurs et de toutes grosseurs, qui servent d'aliments à l'homme.

C'est le feu qui échauffe la terre, qui anime et vivifie toute la nature. C'est le

feu qui nous éclaire dans
les ténèbres.

Les fleurs sont la parure
de la terre , et l'ornement
de nos demeures, qu'elles
parfument de leurs odeurs
agréables.

Les principales fleurs qui embellissent nos jardins et parfument l'air, sont l'œillet, la renoncule, la jonquille, la violette, le muguet, la tubéreuse, la giroflée, la pensée, l'iris, l'héliotrope, la marguerite, le jasmin, le lilas, l'anémone, l'hortensia, la tulipe, etc.

LEÇONS INSTRUCTIVES.

'HOMME a deux mains : l'une qu'on appelle la main gau- che, l'autre la droite; à chaque main il y a cinq doigts : le plus gros de ces doigts s'appelle le pouce.

Au bout de chaque doigt de la main est un ongle ; au-dessus de chaque main est un bras, au-dessus de chaque bras est une épaule qui se joint à notre corps.

L'homme a aussi deux pieds : à chaque pied il a cinq doigts : le plus gros de ces doigts s'appelle l'orteil : au-dessus de chaque pied est une jambe : au-dessus est la cuisse qui unit la jambe au corps.

Les chevaux, les bœufs et

tous ceux qu'on appelle quadrupèdes ont quatre jambes.

Les oiseaux n'ont que deux
pattes qui sont armées de
griffes pour qu'ils puissent
s'accrocher aux branches des
arbres. Les deux autres jambes sont remplacées par des
ailes qui les font voler bien
haut dans l'air.

Les poissons n'ont ni bras
ni jambes, ils ont de petites
ailes qu'on appelle nageoires
et qui leur servent pour na-

ger dans l'eau comme les oiseaux volent dans l'air.

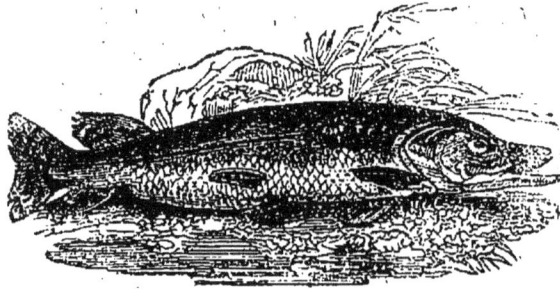

Les serpents, les vers n'ont ni bras ni jambes, ni ailes, ni nageoires ; ils rampent, ils se traînent sur la terre en se tortillant.

L'huître et les autres co-
quillages ne marchent ni ne
rampent; ils ne nagent pas
non plus; ils volent encore
moins : attachés à leur ro-
cher, ils n'ont pas besoin
de bouger, la mer leur ap-
porte leur nourriture, et
ils se défendent de leurs en-
nemis en fermant leurs co-
quilles.

La pluie vient des nua-
ges, les nuages sont épais,
le vent les chasse avec
force : ils cachent le soleil,
le temps est bien obscur,
il pleut, la pluie devient
plus forte, l'homme et les

animaux cherchent un a-
bri, les oiseaux se cachent
sous le feuillage, la campagne est bien triste.

Les arbres ont des raci-
nes qui s'étendent au loin

sous la terre et qui servent à l'arbre comme de jambes pour se tenir debout : l'arbre a un tronc, ce tronc est son corps, ses branches sont des bras, et les rameaux sont ses doigts ; à chaque rameau viennent des feuilles et des fleurs, qui plus tard deviennent elles-mêmes des fruits.

Les fleurs ont des racines comme les arbres, les racines sont comme des brins d'un gros fil, au milieu des fleurs sont les graines : si l'on met une de ces graines dans la terre, il vient une nouvelle fleur.

Les légumes sont comme les fleurs, on remue d'abord la terre avec une petite bèche : on enlève ensuite les cailloux qui s'y trouvent; puis on met les graines dans la terre, enfin on arrose les herbes avec un arrosoir, on voit sortir des laitues, des choux, etc.

L'ANE.

Cet animal est d'une grande utilité à la campague et au moulin. Il est assez fort pour porter des fardeaux con-sidérables : il man-ge peu, et n'est pas délicat sur la qualité de sa nourriture.

Malgré son utilité, l'âne est un objet de mépris, parce qu'il est lent, indocile et têtu.

L'AIGLE.

'Aigle est considéré comme le roi des oiseaux. Il s'élève très haut, et ne s'arrête pour profiter de sa proie que lorsqu'elle est asphyxiée par le courant que produit sa marche rapide.

LE BOEUF.

a patience et sa docilité sont à tout épreuve. Le bœuf vigoureux laboure la terre; il travaille beaucoup ; son pas est lent, mais très sûr. Sa chair est succulente et son cuir est estimé. C'est peut-être de tous les animaux celui qui est le plus utile à l'homme.

Cet animal est d'une telle grosseur , qu'il pèse quelquefois de huit cents à mille kilogrammes.

LE COQ.

S a contenance est fière , sa démarche grave, son naturel hardi , courageux. C'est un souverain jaloux qui ne souffre pas la présence d'un rival. Son chant est l'horloge de la campagne jour et nuit. Si l'on contrefait le chant du coq , il est inquiet , en alarmes, rassemble ses poules et veille sur elles avec assiduité.

4

LE CHEVAL.

Ce fier et fougueux animal partage avec l'homme les fatigues de la guerre et la gloire des combats. Il partage aussi les plaisirs ; à la chasse, à la course, il brille, il étincelle. Docile autant que courageux, il ne se laisse point emporter à son feu ; il ne se refuse à rien, sert de toutes ses forces, s'excède, et meurt pour mieux obéir.

LE CHIEN.

Plus sensible au souvenir des bienfaits qu'à celui des outrages, il ne se rebute pas par les mauvais traitements; et, loin de s'irriter ou de fuir, il s'expose lui-même à de nouvelles épreuves pour désarmer, par la patience, la main qui vient de le frapper. Sans avoir comme l'homme, la lumière et la pensée, le Chien a toute la chaleur du sentiment et toute la pureté des affections.

LE DINDON.

Quoique fort querelleurs entre eux, les dindons sont peu courageux, et l'attaque d'un animal même plus faible les met en fuite. Quelquefois cependant ils montrent du courage. — La chair de cet animal est assez estimée. Le Dindon vient des Indes. Ce gros oiseau est très colère, stupide et gourmand.

L'ÉLÉPHANT.

Sa tête est monstreuse, ses oreilles sont longues, larges et épaisses. Son nez, qu'on appelle trompe, est une espèce de tuyau flexible en tous les sens et assez long pour toucher à terre. Avec le rebord de cette trompe il peut saisir les choses les plus petites, dénouer les cordes et déboucher une bouteille. L'Eléphant surpasse en grosseur tous les quadrupèdes connus.

4..

LA GIRAFFE:

Elle est trois fois plus haute que le plus grand cheval, mais cette grandeur n'est pas proportionnée, car le cou en fait presque la moitié. Elle les jambes de devant extraordinairement longues, ce qui fait que lorsqu'elle veut paître ou boire, elle est obligée d'écarter les jambes pour y parvenir ; aussi paraît-elle faite plutôt pour manger les feuilles des arbres que les herbes de la terre.

LA GRUE.

uand on veut montrer la sottise d'une personne, on la compare à une grue. Cependant les grues sont moins stupides qu'on le dit. Elles font sentinelle, vivent et voyagent en troupes. Leur séjour habituel est dans les marais, au bord des lacs et sur les côtes de la mer.

L'OIE.

'Oie pince l'herbe des prés; on taille ses plumes pour écrire soit en gros, soiten fin. Sa chair est excellente, sa graisse abondante. Son duvet, extrê-mement moelleux, s'emploie pour faire des oreillers, des mate-las, des canapets, etc. — Dans le midi de la France on fait un commerce assez étendu de cuisses d'oie conservées dans la graisse.

LE LION.

ne rude et longue crinière qui devient plus belle avec l'âge, ombrage sa tête et son cou. Il a les jambes courtes et osseuses, les pieds gros et larges. Sa queue longue d'environ quatre pieds, est extrêmement souple. L'animal s'en sert pour terrasser et briser l'ennemi qu'il veut étreindre.

LE PAON.

ier de sa parure brillante, il étale avec pompe, en forme d'éventail, es plumes de sa queue, dont les compartiments, frappés des rayons du soleil, font un spectacle éblouissant. Ce bel oiseau joint à l'élégance de sa taille et à la richesse de son pennage, une démarche grave et majestueuse.

LE MOUTON.

Cet animal est d'un naturel doux et timide ; le moindre bruit l'effraie. Dans le péril, il ne cherche point à se défendre, mais à fuir.

Mais cet animal si chétif en lui-même est pour l'homme l'animal le plus précieux, celui dont l'utilité est la plus immédiate et la plus étendue. La viande de mouton nous nourrit, sa laine est très chaude et nous habille en hiver.

L'OURS.

n distingue plusieurs espèces d'Ours, dont la plus connue est celle que nous avons vu si souvent danser lourdement au son des instruments et suivre grossièrement la mesure. Cet animal ne se plaît que dans la solitude et les retraites les plus profondes. Pendant l'hiver, il se retire dans sa tanière, et y reste tranquille sans prendre de nourriture.

LE SINGE.

I est de tous les animaux celui qui ressemble le plus à l'homme. Il imite ses gestes avec une adresse étonnante : susceptible d'apprendre tout ce qu'on veut lui enseigner, on en a vu rendre à leur maître tous les services du laquais le plus adroit.

Universel.

LE TIGRE.

Rassasié ou à jeun, le Tigre n'épargne aucun animal, et ne quitte une proie que pour en égorger une autre. Il n'est pas aussi fort que le Lion, mais il est plus à craindre parce qu'il est plus féroce. Son rugissement est sourd et comme engouffré. On peut s'en faire une idée par le grondement du chat lorsqu'il tient sa proie.

LE ZÈBRE.

On le trouve en Afrique. Il tient le milieu entre le cheval et l'âne ; mais quoique d'un air beaucoup plus noble, il ressemble davantage au derier pour la forme. La peau seule met une grande différence entre eux. Il joint à l'élégance de la taille et à la beauté de sa robe , une légèreté que nous n'avons pas encore su nous rendre utile.

CUIRASSIERS.

Ce corps de cavalerie est remarquable par la valeur des hommes qui le compose, et par leur superbe uniforme.

Il a été illustré de nos jours par la trop célèbre bataille de Wœrth, depuis il a reçu le titre d'honneur de héros de Reischoffen.

DRAGONS.

Cavalerie mixte, qui fait également l'exercice à pied où à cheval. Elle est armée de carabine Chassepot, et selon les circonstances fait la charge à cheval avec son sabre, ou bien se déploie à pied en tirailleur avec son arme à feu.

LANCIERS.

Les régiments de cette arme ont été sup-
primés depuis la guerre de 1870. Les
hommes spéciaux ont reconnu que la tac-
tique militaire ne pouvait plus se faire avec
une lance, mais bien avec des armes à feu
à longue portée.

INFANTERIE.

L'Infanterie comprend tous les corps de troupes allant à pied : Infanterie de ligne , de marine , zouaves , chasseurs à pied , génie , turcos , gendarmerie , et même une partie de l'artillerie.

ÉCOLE POLYTECHNIQUE.

Etablissement fondé pour l'instruction supérieure de nos officiers de génie et d'artillerie. Il est reçu chaque année au concours 100 à 150 élèves ; ils y restent deux ans et après examen ils sont placés avec le grade de lieutenant dans le génie ou l'artillerie.

ZOUAVES.

Les zouaves tiennent ordinairement gar-
nison en Algérie. Pendant nos dernières
guerres de Crimée et d'Italie, où ils ont été
envoyés, ils se sont fait remarquer par
leur bravoure et leur intrépidité.

5..

LA CIGALE ET LA FOURMI.

La cigale ayant chanté
　　Tout l'été,
Se trouva fort dépourvue
Quand la bise fut venue :
Pas un seul petit morceau
De mouche ou de vermisseau !
Elle alla crier famine,
Chez la fourmi sa voisine,
La priant de lui prêter
Quelques grains pour subsister
Jusqu'à la saison nouvelle :
Je vous pairai, lui dit-elle,
Avant l'oût, foi d'animal,

Intérêt et principal.

La fourmi n'est pas prêteuse ;
C'est là son moindre défaut :
Que faisiez-vous au temps chaud ?
Dit-elle à cette emprunteuse. —
Nuit et jour, à tout venant,
Je chantais, ne vous déplaise. —
Vous chantiez ! j'en suis fort aise,
Hé bien ! dansez maintenant.

LE CORBEAU ET LE RENARD.

Maître corbeau, sur un arbre perché,
Tenait en son bec un fromage.
Maître renard, par l'odeur alléché,
Lui tint à peu près ce langage :

Hé ! bon jour, monsieur du corbeau !
Que vous êtes joli ! que vous me semblez beau !
Sans mentir, si votre ramage
Se rapporte à votre plumage,
Vous êtes le phénix des hôtes de ces bois.
A ces mots, le corbeau ne se sent pas de joie ;
Et pour montrer sa belle voix,
Il ouvre un large bec, laisse tomber sa proie.
Le renard s'en saisit et dit : « Mon bon monsieur !
Apprenez que tout flatteur
Vit aux dépens de celui qui l'écoute :
Cette leçon vaut bien un fromage, sans doute ! »
Le corbeau, honteux et confus,
Jura, mais un peu tard, qu'on ne l'y prendrait plus

LE LOUP ET L'AGNEAU.

« La raison du plus fort est toujours la meilleure
    Nous l'allons montrer tout-à-l'heure. »
    Un agneau se désaltérait
    Dans le courant d'une onde pure,
Un loup survient à jeun qui cherchait aventure,
    Et que la faim en ces lieux attirait.
Qui te rend si hardi de troubler mon breuvage?
    Dit cet animal plein de rage;
Tu seras châtié de ta témérité.
Sire, répond l'agneau, que votre majesté
    Ne se mette pas en colère;

Mais plutôt qu'elle considère
Que je me vas désaltérant
　　Dans le courant,
Plus de vingt pas au-dessous d'elle,
Et que par conséquent en aucune façon,
　　Je ne puis troubler sa boisson.
Tu la troubles, reprit cette bête cruelle ;
Et je sais que de moi tu médis l'an passé.
Comment l'aurais-je fait si je n'étais pas né ?
　　Reprit l'agneau ; je tette encor ma mère. —
　　Si ce n'est toi, c'est donc ton frère. —
Je n'en ai point. — C'est donc quelqu'un des tiens ;
　　Car vous ne m'épargnez guère,
　　Vous, vos bergers et vos chiens.
On me l'a dit : il faut que je me venge.
　　Là-dessus, au fond des forêts
Le loup l'emporte, et puis le mange
　　Sans autre forme de procès.

LES VOLEURS ET L'ANE.

Pour un âne enlevé deux voleurs se battaient :
L'un voulait le garder, et l'autre voulait le vendre.
  Tandis que coups de poing trottaient,
Et que nos champions songeaient à se défendre :
  Arrive un troisième larron
  Qui saisit maître Aliboron.
« L'âne, c'est quelquefois une pauvre province :
  Les voleurs sont tel et tel prince,
Comme le Transylvain le Turc et le Hongrois,
  Au lieu de deux j'en ai rencontré trois,
  Il est assez de cette marchandise.
De nul d'eux n'est souvent la province conquise :
Un quart voleur survient, qui les accorde net
  En se saisissant du baudet. »

LE RENARD ET LES RAISINS.

Certain renard gascon, d'autres disent normand,
Mourant presque de faim, vit au haut d'une treille
    Des raisins mùrs apparemment,
    Et couverts d'une peau merveille.
Le galant en eût fait volontiers un repas.
    Mais comme il n'y pouvait atteindre :
Ils sont trop verts, dit-il, et bon pour des goujats
    « Fit-il pas mieux que de se plaindre ? »

LE LABOUREUR ET SES ENFANTS.

« Travaillez, prenez de la peine :
    C'est le fonds qui manque le moins. »
Un riche laboureur, sentant sa mort prochaine,
Fit venir ses enfants, leur parla sans témoins.
Gardez-vous, leur dit-il, de vendre l'héritage
    Que nous ont laissé nos parents :
    Un trésor est caché dedans,
Je ne sais pas l'endroit; mais un peu de courage
Vous le fera trouver : vous en viendrez à bout.
Remuez votre champ dès qu'on aura fait l'oût;

Creusez , fouillez , bêchez , ne laissez nulle place
Où la main ne passe et repasse.
Le père mort , les fils vous retournent le champ ,
Deçà , delà , partout ; si bien qu'au bout de l'an
Il en rapporta davantage.
D'argent , point de caché. Mais le père fut sage
De leur montrer , avant sa mort ,
« Que le travail est un trésor,»

LE SAVETIER ET LE FINANCIER.

Un savetier chantait du matin jusqu'au soir.
C'était merveille de le voir ,
Merveille de l'ouïr ; il faisait des passages
Plus content qu'aucun des sept sages.

Son voisin, au contraire, étant tout cousu d'or
Chantait peu, dormait moins encor :
C'était un homme de finance.
Si sur le point du jour par fois il sommeillait,
Le savetier alors en chantant l'éveillait
Et le financier se plaignait
Que les soins de la providence
N'eussent pas au marché fait vendre le dormir,
Comme le manger et le boire.
En son hôtel il fait venir
Le chanteur, et lui dit : Or ça, sire Grégoire,
Que gagnez-vous par an ? Par an ! ma foi, monsieur,
Dit avec un ton de rieur
Le gaillard savetier, ce n'est point ma manière
De compter de la sorte, et je n'entasse guère
Un jour sur l'autre : Il suffit qu'à la fin
J'attrape le bout de l'année :
Chaque jour amène son pain. —
Eh bien ! que gagnez-vous, dites-moi, par journée ?-
Tantôt plus, tantôt moins : le mal est que toujours
(Et sans cela nos gains seraient assez honnêtes),
Le mal est que dans l'an s'entremêlent des jours
Qu'il faut chômer ; on nous ruine en fêtes :
L'une fait tort à l'autre : et monsieur le curé
De quelque nouveau Saint charge toujours son prône.
Le financier, riant de sa naïveté,

Lui dit : Je vous veux mettre aujourd'hui sur le trône.
Prenez ces cent écus : gardez-les avec soin ,
      Pour vous en servir au besoin.
Le savetier crut voir tout l'argent que la terre
      Avait depuis plus de cent ans
      Produit pour l'usage des gens.
Il retourne chez lui : dans sa cave il enserre
      L'argent et sa joie à la fois.
      Plus de chant : il perdit la voix
Du moment qu'il gagna ce qui cause nos peines.
      Le sommeil quitta son logis ;
      Il eut pour hôtes les soucis ,
      Les soupçons , les alarmes vaines.
Tout le jour il avait l'œil au guet : et la nuit ,
      Si quelque chat faisait du bruit,
Le chat prenait l'argent. A la fin, le pauvre homme
S'en courut chez celui qu'il ne réveillait plus :
Rendez-moi , lui dit-il , mes chansons et mon somme ;
      Et reprenez vos cent écus.

L'ANE ET LE PETIT CHIEN.

« Ne forçons point notre talent ;
Nous ne ferions rien avec grâce :
Jamais un lourdeau, quoi qu'il fasse,
Ne saurait passer pour galant. »
Peu de gens que le ciel chérit et gratifie,
Ont le don d'agréer infus avec la vie.
C'est un point qu'il leur faut laisser,
Et ne pas ressembler à l'âne de la fable,
Qui, pour se rendre plus aimable
Et plus cher à son maître, alla le caresser.

Comment , disait-il en son âme,
Ce chien , parce qu'il est mignon ,
Vivra de pair à compagnon
Avec monsieur , avec madame ;
Et j'aurai des coups de bâton !
Que fait-il ? il donne la patte ,
Puis aussitôt il est baisé ;
S'il en faut faire autant afin que l'on me flatte ,
Cela n'est pas bien mal aisé.
Dans cette admirable pensée.
Voyant son maître en joie , il s'en vient lourdement ,
Lève une corne tout usée,
La lui porte au menton fort amoureusement ,
Non sans accompagner , pour plus grand ornement ,
De son chant gracieux cette action hardie.
Oh ! oh ! quelle caresse et quelle mélodie !
Dit le maître aussitôt. Holà , Martin-bâton !
Martin-bâton accourt : l'âne change de ton.
Ainsi finit la comédie.

LE PETIT POISSON ET LE PÊCHEUR.

Petit poisson deviendra grand ,
Pourvu que Dieu lui prête vie.
Mais le lâcher en attendant,
· Je tiens pour moi que c'est folie :
Car de le rattraper il n'est pas trop certain.
Un carpeau, qui n'était encore que fretin,
Fut pris par un pêcheur au bord d'une rivière.
Tout fait nombre, dit l'homme en voyant son butin ;
Voilà commencement de chère et de festin :

Mettons-le en notre gibecière.
Le pauvre carpillon lui dit en sa manière :
Que ferez-vous de moi ? je ne saurais fournir
    Au plus qu'une demi-bouchée.
    Laissez-moi carpe devenir,
    Je serai par vous repêchée ;
Quelque gros partisan m'achètera bien cher.
    Au lieu qu'il vous en faut chercher
    Peut-être encor cent de ma taille
Pour faire un plat ; quel plat ? croyez moi, rien qui vaille
Rien qui vaille ? eh bien ! soit, repart le pêcheur :
Poisson, mon bel ami, qui faites le prêcheur,
Vous irez dans la poêle ; et vous avez beau dire
    Dès ce soir on vous fera frire.
 « Un tiens vaut, ce dit-on, mieux que deux tu l'auras,
    L'un est sûr, l'autre ne l'est pas. »

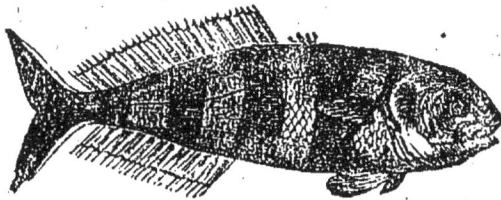

LA GRENOUILLE QUI SE VEUT FAIRE AUSSI GROSSE QUE LE BŒUF.

Une grenouille vit un bœuf
    Qui lui sembla de belle taille.
Elle, qui n'était pas grosse en tout comme un œuf,
Envieuse, s'étend, et s'enfle, et se travaille
    Pour égaler l'animal en grosseur ;
    Disant : regardez bien, ma sœur,
Est-ce assez : dites-moi : n'y suis-je point encore ! —
Nenni. — M'y voici ? Point du tout. — M'y voilà ?
— Vous n'en approchez point. La chétive pécore
    S'enfla si bien, qu'elle creva.
« Le monde est plein de gens qui ne sont pas plus sage
Tout bourgeois veut bâtir comme les grands Seigneurs
    Tout petit prince a des ambassadeurs ;
    Tout marquis veut avoir des pages. «

[cachet : BIBLIOTHÈQUE NATIONALE R. F. IMPRIMÉS]

6

A UN PÈRE ET A UNE MÈRE.

O vous que je chéris et chérirai toujours,
Auteurs de ma naissance, appui de tous mes jours ;
Vous dont les soins constants dirigent mon jeune âge,
Et lui font des vertus faire l'apprentissage,
Recevez en ce jour les souhaits de mon cœur
Pour que ce nouvel an soit un an de bonheur,
Et que les Cieux, touchés de ma sainte prière,
Vous conservent longtemps, ô mon père, ô ma mère.

UN ENFANT A SA MÈRE.

Devrais-je attendre au jour de l'an
A vous offrir mon cœur , maman ,
Lorsque le zèle et la reconnaissance
Vous l'ont donné dès ma naissance ,
Et qu'il sent croître à tous moments
Le plus profond des sentiments !
C'est trop tard, c'est trop peu qu'en ce jour je m'em-
[presse
A vous prouver que jamais mon ardeur ,
Ni mon respect, ni ma tendresse,
Ne s'effaceront de mon cœur.

UN ENFANT A SON PÈRE.

O vous qui, depuis ma naissance,
M'avez comblé de vos soins bienfaisants,
   Pour vous offrir les sentiments
   De ma juste reconnaissance,
Je n'ai besoin, cher auteur de mes jours,
   Que l'an recommence son cours.
   En vain le temps fuit et s'efface
   Chaque jour, à chaque instant,
   Tout à mon âme retrace
   Combien vous m'aimez tendrement.
   De mon cœur seul, non de l'usage,
Daignez donc agréer le plus sincère hommage;
   Et, si le Ciel agrée aussi mes vœux,
   Vous jouirez du sort le plus heureux.

ARTS ET MÉTIERS.

L'ARCHITECTE

L'Architecte dresse les plans des édifices, il en calcule les proportions, détermine les ornements qui leur conviennent, et préside à leur exécution. Il doit avoir autant de goût que de science.

LE BOUCHER.

Le boucher tue les bestiaux pour en débiter la viande. Il tue des bœufs, des veaux, des moutons, des cochons, des chevreaux, des agneaux.

6..

LE CHAUDRONNIER.

Le chaudronnier travaille sur le cuivre; il en fait des chaudrons, des marmites, des casseroles, des cafetières, et des alambics pour distiller.

DISTILLATEUR.

Par le moyen de certaines opérations et à l'aide de certains instruments, le distillateur extrait les substances des corps qui leur étaient adhérents. C'est l'art du distillateur qui nous procure ces liqueurs qui flattent si fort notre goût.

L'ÉBÉNISTE.

L'ébéniste est celui qui travaille l'ébène ou autres menus bois. Il fait des commodes, des secrétaires, des toilettes, des nécessaires et autres ouvrages de cette nature.

LE FORGERON.

Le forgeron travaille sur le fer qu'il ramollit dans sa forge et qu'il manie ensuite à son gré à l'aide du marteau. Il fait des essieux, des fers pour les roues de voitures, des ressorts pour les suspendre.

LE GRAVEUR.

Le graveur est celui qui imprime des traits sur le bois, le cuivre, l'acier, la pierre, avec un petit outil qu'on appelle burin. Il imite sur ces corps les gravures que vous avez dans vos cartons.

L'HORLOGER.

C'est l'Horloger qui a fait votre montre ainsi que la pendule qui est sur la cheminée de votre chambre. C'est chez lui qu'il faudra porter votre montre si vous venez à la déranger.

L'IMPRIMEUR.

L'imprimeur est celui qui fait les livres. Il lui faut pour cela du papier, de l'encre et une presse : il passe l'encre sur la lettre, il place ensuite une feuille de papier dessus, il presse, et la lettre se trouve imprimée comme vous le voyez sur votre livre.

LE JARDINIER.

Le Jardinier cultive les Jardins; il sème et soigne les fleurs, et taille les arbres, arrose les plantes, cela demande bien du travail; mais aussi comme il est dédommagé de ses fatigues lorsqu'il voit son parterre émaillé de belles fleurs qui répandent un suave parfum.

LE LUTHIER.

Le Luthier est celui qui fabrique les instruments de musique, il les accorde, et les raccommode lorsqu'ils sont endommagés; il lui faut beaucoup d'adresse et une oreille bien exercée.

LE MAÇON.

Le maçon taille les pierres, les dispose avec ordre les unes sur les autres, les joint avec du mortier et parvient ainsi à élever les beaux édifices.

LE NAVIGATEUR.

Le Navigateur est celui qui connaît la

conduite d'un vaisseau. Sur ce frêle bâti-
ment, il s'élance au milieu des mers, et avec
le secours de la boussole et des astres, il
parcourt des distances immenses sans dé-
vier de sa route.

L'OISELEUR

L'oiseleur donne la chasse aux oiseaux. Il
les prend de différentes manières, à la toile,
à la glue, au lacet, à l'appeau. Il lui faut
souvent bien de la patience, car ils ne sont
pas toujours d'humeur à se laisser prendre.

LE PEINTRE.

Le peintre fait les portraits, les paysa-
ges, et peut avec son pinceau représenter
tous les objets sensibles, il peint sur la toile,
sur le papier, sur le verre, la pierre ou le
bois.

LE QUINCAILLIER

Le Quincaillier est celui qui s'occupe de
la vente des outils utiles à l'agriculture,

aux arts et métiers. C'est la véritable boutique des ouvriers; là se trouvent tous les instruments du travail.

LE RELIEUR.

Quand un livre a été imprimé, il faut en ployer les feuilles; les coudre, les réunir, les couvrir, les rendre liées ensemble de manière à ce qu'on puisse le lire avec suite et sans le détruire; c'est ce qui constitue l'état de relieur.

LE STATUAIRE.

Le Statuaire est l'artiste qui, d'un bloc de pierre ou de marbre, en fait le buste d'un homme; qui, avec son ciseau, en retrace non-seulement les traits extérieurs mais le génie, et lui donne une seconde vie en mettant son image à l'abri des injures du temps.

LE TONNELIER.

Lorsque le vin est prêt, il faut des cuves

et des bariques pour le recevoir et le trans_
porter. Tel est le but du tonnelier.

L'USURIER.

Parmi les êtres méprisables, il n'en est
pas qui doivent l'être à plus juste titre que
l'usurier. Il ne vit qu'au détriment du mal-
heureux auquel il ne prête l'argent qu'à
gros intérêts ; qu'en lui arrachant tout ce
qu'il peut. Les lois punissent l'usurier,
aussi ne travaille-t-il qu'en se cachant à
tous les regards.

LE VIGNERON.

Voilà un métier utile, autant que celui
d'usurier est pernicieux. C'est aux soins du
vigneron que nous devons d'avoir du vin si
favorable à la santé. Pourquoi faut-il que
des hommes sans éducation en abusent au
point de s'enivrer et de perdre ainsi le
sentiment de leur dignité, en perdant la
raison.

TABLE DE MULTIPLICATION.

2	fois	2	font	4	6	fois	2	font	12
2	fois	3	font	6	6	fois	3	font	18
2	fois	4	font	8	6	fois	4	font	24
2	fois	5	font	10	6	fois	5	font	30
2	fois	6	font	12	6	fois	6	font	36
2	fois	7	font	14	6	fois	7	font	42
2	fois	8	font	16	6	fois	8	font	48
2	fois	9	font	18	6	fois	9	font	54
2	fois	10	font	20	6	fois	10	font	60
3	fois	2	font	6	7	fois	2	font	14
3	fois	3	font	9	7	fois	3	font	21
3	fois	4	font	12	7	fois	4	font	28
3	fois	5	font	15	7	fois	5	font	35
3	fois	6	font	18	7	fois	6	font	42
3	fois	7	font	21	7	fois	7	font	49
3	fois	8	font	24	7	fois	8	font	56
3	fois	9	font	27	7	fois	9	font	63
3	fois	10	font	30	7	fois	10	font	70
4	fois	2	font	8	8	fois	2	font	16
4	fois	3	font	12	8	fois	3	font	24
4	fois	4	font	16	8	fois	4	font	32
4	fois	5	font	20	8	fois	5	font	40
4	fois	6	font	24	8	fois	6	font	48
4	fois	7	font	28	8	fois	7	font	56
4	fois	8	font	3	8	fois	8	font	64
4	fois	9	font	36	8	fois	9	font	72
4	fois	10	font	40	8	fois	10	font	80
5	fois	2	font	10	9	fois	2	font	18
5	fois	3	font	15	9	fois	3	font	27
5	fois	4	font	20	9	fois	4	font	36
5	fois	5	font	25	9	fois	5	font	45
5	fois	6	font	30	9	fois	6	font	54
5	fois	7	font	35	9	fois	7	font	63
5	fois	8	font	40	9	fois	8	font	72
5	fois	9	font	45	9	fois	9	font	81
5	fois	10	font	50	9	fois	10	font	90

Limoges. — Typ. F. F. Ardant frères.

www.ingramcontent.com/pod-product-compliance
Lightning Source LLC
Chambersburg PA
CBHW060622100426
42744CB00008B/1474